LA VÉRITÉ

AUX

Electeurs de 1820.

On trouve aussi aux mêmes endroits :

Précis historique d'une des Sessions du Parlement de Bonaparte, se disant *Chambre des Représentans*, par ***. Prix, 2 fr. 5o c. et 3 fr. franc de port.

Réfutation de l'Exposé de la conduite de Carnot, par Gautier (du Var). Prix, 1 fr. 5o c. et 2 fr. franc de port.

La Vérité sur les Sessions, années 1815 et 1816, et Aperçu sur les Elections de 1817, seconde édition, augmentée de Réflexions sur l'ouvrage de M. de Châteaubriand : intitulé *du Système suivi par le Ministère,* par les mêmes auteurs. Prix, 2 fr. 5o c. et 3 fr. franc de port.

Annales historiques des Sessions du Corps législatif, années 1814, 1815, 1816 et 1817, par *** et Gautier (du Var), ex-membre du Conseil des Cinq-Cents.

Nota. Le prix de la collection entière des Annales historiques des Sessions du Corps législatif, est de 5 fr. le vol. pour Paris, et 6 fr. pour les départemens.

LA VÉRITÉ

AUX ÉLECTEURS DE 1820.

~~~~~~~~~~~~~

RÉFLEXIONS

SUR LA

NOUVELLE LOI DES ÉLECTIONS,

ET SUR LES AVANTAGES

DE LA DISSOLUTION

DE LA CHAMBRE DES DÉPUTÉS;

Par M. GAUTIER DU VAR,

EX-MEMBRE DU CONSEIL DES CINQ-CENTS, UN DES AUTEURS DES
ANNALES HISTORIQUES DES SESSIONS DU CORPS-LÉGISLATIF.

PARIS,

Chez { PÉLICIER, au Palais-Royal;
        Mme ve DESAUGES, rue Jacob; no 3;

Et chez les principaux Libraires du Royaume.

IMPRIMERIE DE Mme HERISSANT LE DOUX,

RUE SAINTE-ANNE, No 20.

1820.

LA VÉRITÉ

AUX ÉLECTEURS DE 1820.

CHAPITRE PREMIER.

Réflexions sur la Nouvelle Loi des Élections.

———

JE crois qu'à l'époque où l'on va faire l'essai d'une nouvelle loi d'élection, il est du devoir d'un bon Français d'en prouver les avantages, et de chercher à éclairer les électeurs sur leurs vrais intérêts, et sur les motifs qui doivent les diriger dans les choix qu'ils sont appelés à faire.

Selon moi, l'erreur dans laquelle sont tombés ceux qui ont concouru jusqu'à ce jour à la confection des lois constitutives des colléges électoraux, et trompés même les électeurs, provient de la fausse idée que l'on s'est généralement faite sur ce que représentent les Chambres.

On a dit que la Chambre des Pairs *était un pouvoir aristocratique, constitué pour défendre, dans l'intérêt général, ses intéréts particuliers.*

On a comparé la Chambre des Députés *à un pouvoir démocratique , chargé de défendre les intérêts dont personne n'est légalement privé.*

De-là, on a supposé que la Chambre des Pairs représentait l'*aristocratie,* et celle des Députés, la *démocratie.*

C'est une double erreur, qui, quoique disparaissant à la simple lecture de la Charte, n'a pas moins pris faveur, et donné lieu à des interprétations bien dangereuses pour la société ; elles ont été de nature à mettre continuellement en opposition les deux puissances, dont l'accord doit être parfait pour la confection des lois.

L'aristocratie est le gouvernement des grands, et plus communément celui des corps privilégiés, comme étaient la noblesse et le clergé avant la révolution ; or, la Charte ne reconnaissant aucuns priviléges, la Chambre des Pairs ne peut représenter ce qui n'existe pas (1).

La pairie , créée par le Trône avec la Charte, doit tomber avec eux. Ainsi , elle me semble de-

----

(1) Je sais que l'on m'objectera les majorats affectés à la pairie, que l'on peut regarder comme un privilége ; c'est une grande question encore indécise de savoir s'ils doivent être restreins à la dignité de pair.

voir être le premier soutien du trône légitime et constitutionnel, et la gardienne de tous les intérêts concédés par le pacte social qui nous régit. Dans son intérêt particulier, et dans l'intérêt général, elle doit s'opposer à tout empiétement d'un des deux autres pouvoirs sur *les droits publics des Français*, lesquels sont en opposition avec l'idée que l'on peut concevoir de l'existence d'aucuns priviléges. Ainsi disparaît toute présomption que la Chambre des Pairs représente l'aristocratie, puisqu'elle est dans son essence la sauve-garde des intérêts du peuple, en ce qu'ils émanent de la Charte.

La démocratie a été considérée jusqu'à ce jour comme étant le gouvernement populaire ; je sais que la supposition par laquelle on voudrait faire croire que la Chambre des Députés représente la démocratie, est le principe erroné du parti qui prétend toujours parler *au nom du peuple ;* qui se regarde comme l'*organe des sentimens de la nation.* Cette erreur, qui prendrait facilement faveur, si l'on n'en démontrait le danger, serait dans le cas de tout bouleverser. Elle doit être combattue, étant de nature à nous ramener à un autre mode de gouvernement, puisque l'action de la Chambre des Pairs deviendrait nulle ; ou si elle voulait faire usage de sa puissance dans

la confection de diverses lois, particulièrement
de celle sur l'impôt, elle pourrait arrêter la
marche du gouvernement.

Je viens d'avancer que la pairie était presque
la gardienne instituée par la Charte, pour
veiller à la conservation *des droits publics des
Français*. Voyons, d'après ce même pacte fon-
damental, quels sont les intérêts qui sont confiés plus directement à la Chambre des Députés : il n'y a point de doute que ce sont les
intérêts de la *propriété* et ceux de l'*industrie*.
J'appuie mon raisonnement sur les articles 17 et
47 de la Charte, qui disent que toutes proposi-
tions d'impôts doivent être adoptées par la
Chambre des Députés, avant d'être présentées à
la délibération de la Chambre des Pairs, qui n'a
presque sur la loi financière, qu'un simple *veto*,
puisque les dispositions doivent en être discutées
et consenties par l'autre Chambre avant d'arriver
à elle.

Comme la Chambre des Députés est plus spécialement chargée des intérêts de la propriété
et de l'industrie, la Charte a voulu que la prin-
cipale garantie demandée aux électeurs et aux
députés, fût basée sur la quotité de l'impôt.
Cette condition est établie par les articles 58
et 40.

Bien convaincu, dis-je, que la Chambre des Députés est la première gardienne des intérêts de la
propriété et de ceux de l'industrie, la loi dont
on va faire l'essai me paraît dériver de cette
conséquence : elle donne aux plus forts imposés
une double représentation comme électeurs. Il
paraît naturel de penser que celui qui est le plus
imposé, a le plus d'intérêt, non-seulement à la
parfaite répartition de l'impôt, mais encore à en
rendre le fardeau moins pesant, tant pour lui
que pour la classe peu fortunée. Il a donc aussi
l'intérêt le plus direct à faire des choix cor-
rélatifs avec sa position. Il lui importe de les faire
tomber sur des hommes ennemis de toutes inno-
vations, et bien pénétrés de la pensée qu'il faut
seconder l'action du Trône, en lui donnant de la
force pour faire exécuter les lois.

Le Monarque législateur, en octroyant la
Charte, a garanti les droits acquis par la révolution ; cette concession est aussi particulièrement
sous la sauve-garde de la chambre haute, ainsi
que tout ce que renferme le pacte social. En par-
courant la nomenclature des pairs qui la composent, on se convaincra facilement qu'elle ne
pourrait être attaquée sans trouver dans son sein
des défenseurs qui sauraient être les appuis de
cette espèce de conquête. Ainsi, il ne faut point

encore supposer que la Chambre des Députés a son action la plus réelle sur sa conservation.

Je me plais à répéter que cette Chambre a été instituée pour faire connaître les besoins du peuple, et faire diminuer, autant que possible, le fardeau de l'impôt.

D'après l'esprit de la nouvelle loi d'élection, les candidats nommés par les colléges d'arrondissemens semblent plus particulièrement chargés de soutenir les intérêts des localités, qui, le plus souvent, sont négligés par ceux qui, n'y ayant aucun intérêt eux-mêmes, dirigent leurs vues vers un autre but, et préfèrent suivre une marche plus avantageuse à leurs espérances.

Il est à présumer que les électeurs d'arrondissemens des grandes villes des pays manufacturiers, feront pencher la balance en faveur des fabricans. Cela donnera une représentation à l'industrie qui sera conservatrice de ses intérêts.

Si la cabale et l'esprit de parti ne viennent point dominer les colléges de département et ceux d'arrondissement, on doit espérer de la nouvelle loi les plus grands avantages ; et nous disons avec confiance, qu'elle est dans l'esprit de la Charte, en reconnaissant les véritables attributions de la Chambre des Députés.

Les résultats doivent être d'une autre nature

que ceux de la loi du 5 février 1817, dont les choix amenèrent en majorité des hommes de parti, qui, dominés par deux intérêts, celui de la cabale qui les avait désignés, et le leur particulier, oublièrent souvent l'intérêt général qui n'est point séparé de celui du Trône, pour suivre d'autres impulsions presque toujours perturbatrices.

Comment les électeurs pouvaient-ils faire des choix selon leur conscience ? Ils ne connaissaient pas les candidats qui leur étaient présentés; certains de ne pas réussir, s'ils n'agissaient d'après l'instigation d'ambitieux dominés quelquefois par des suggestions bien étrangères au bonheur général, les électeurs pour lors, ou ne se rendaient pas aux élections, ou bien se laissaient diriger, et nommaient, sur des réputations le plus souvent usurpées, des hommes dont la moralité ne leur était pas assez connue.

Parmi les députations ainsi nommées, il s'en est trouvé une, où, sur quatre députés, deux étaient sciemment étrangers au département; les deux autres avaient quelques notions relatives aux diverses localités ; mais entièrement dévoués aux insinuations de la cabale qui les avait portés à l'élection, ils s'occupaient peu des intérêts de

ces mêmes localités. Le Gouvernement, qui ne
doit point perdre de vue un objet aussi essen-
tiel, vint proposer un projet de loi d'absolue
nécessité pour le chef-lieu de ce département.
La députation qui aurait dû le solliciter, ne
savait de quoi on lui parlait; et au lieu de l'appuyer, et d'en presser le rapport, elle y mit une
telle négligence, que la discussion de ce projet
a été renvoyée à une autre session. Ce n'est pas
que les députés n'eussent une correspondance
suivie dans ce département; mais il paraît, d'a-
près le fait que nous citons, que cette correspondance, *dont il a été parlé*, avait peu de rapport aux vrais intérêts des localités. Les hommes
de parti ont des idées plus vastes; mais ne font
pas, selon nous, de bons députés.

Le parti, qui a dirigé les dernières élections,
et qui a pris pour arme offensive la Charte, et
pour auxiliaire la loi du 5 février 1817, a porté
à l'élection des hommes presque tous ennemis
connus de la légitimité qui nous a donné la
Charte, et opposés aux principes qui en sont la
base. Les uns ont colporté la couronne pour la
placer sur une tête étrangère, l'un d'eux fut,
dans les cent jours, un des rédacteurs des actes
additionnels; l'autre fut, presqu'au même ins-
tant, le rapporteur d'un projet de constitution

qui ne pouvait être préparé que pour l'*imposer
au Roi légitime* (1) ; à moins qu'elle ne fût des-
tinée à être proposée au souverain étranger auquel on voulait donner le trône. A cette époque,
la Charte existait, et je demande à ces députés,
si ces constitutions avaient le moindre rapport
avec elle.

Un troisième, présenté comme candidat à
deux départemens auxquels il était étranger, et
nommé par eux, s'est expliqué dans un écrit qu'il
fit paraître toujours à la même époque, dans lequel il ose dire, que *les Bourbons sont restés
sans titre légitime, que les Français ne peuvent vivre sous leur gouvernement :* s'expliquant
franchement sur la Charte, il dit *qu'elle ne pouvait être adoptée telle qu'elle était octroyée
par le Roi.* Nul doute que ces hommes ont
été présentés aux électeurs comme les vrais
amis de ce pacte social et comme ses soutiens.

Voilà le grave inconvénient pour les électeurs
de porter leurs choix sur des hommes que, non-
seulement ils ne connaissent pas, mais sur la vie

_____

(1) Il est à remarquer que, lorsque ce député faisait
cette constitution, si opposée aux principes de la légitimité et à ceux de la Charte, le *Souverain* était à la
porte de la capitale de ses états.

politique desquels ils n'ont que de fausses don-
nées ; car on doit présumer que ceux qui les ont
nommés, les croyaient au moins amis sincères de
notre constitution.

Au premier aperçu, on pourrait croire que
les colléges d'arrondissemens, renfermant les
mêmes élémens que les colléges de département, institués par la loi du 5 février 1817, feront les mêmes choix ; mais, en y réfléchissant,
on verra que les effets ne doivent pas en être les
mêmes. D'abord, il est presque certain que la
proximité du lieu d'élection, que l'assurance de
pouvoir donner sa voix à un homme dont la façon de penser, dont la moralité seront connues
à l'électeur, feront que très-peu d'entre eux né-
gligeront de s'y rendre. Ainsi, on doit en attendre un autre résultat. De plus, il est présumable
que l'électeur ne donnera pas sa voix à un étranger
qui ne serait pas dans le cas de juger de ce qui est
utile à son arrondissement ; il fera porter son
choix sur l'homme capable de pouvoir agir et
dans l'intérêt général, ainsi que dans celui de la
localité.

Les élémens qui composeront les colléges de
départment, seront de nature à rassurer sur les
choix que feront les électeurs. Il est impossible
de supposer que le quart des plus imposés parmi

ceux payant 300 francs et au-dessus , ne trem-
ble pas à la seule idée de replonger la France
dans le chaos des révolutions. On doit attendre
de semblables électeurs , un choix d'hommes qui
voudront franchement, et sans arrière-pensée, le
maintien de ce qui existe, c'est-à-dire, qui voudront
la légitimité dans l'auguste famille régnante, et
la Charte sur laquelle reposent les droits publics
des Français reconnus par son illustre auteur.

Plus de doute, que la nouvelle loi est à l'avantage des contribuables de toutes les classes ; et
que ceux qui seront envoyés par les colléges électoraux , se pénétreront de l'importance de leurs
véritables fonctions. Alors, on ne verra plus les
prétendus amis du peuple déserter la Chambre
lorsque l'on discutera la loi de l'impôt ; ce que
viennent de faire à la dernière session les membres les plus marquans du côté gauche. Le côté
droit , quoiqu'en minorité à la session précédente, ne donna pas le même exemple, et les
membres de ce côté, en soutenant avec chaleur
les vrais intérêts qui leur étaient confiés (ceux
des contribuables), parvinrent à faire diminuer
le fardeau de l'impôt (1). Ces députés prouvèrent

(1) On a discuté la loi de dépenses , immédiatement
après celle des élections.; *MM. Dupont de l'Eure ,*

qu'en ne partageant pas entièrement les opinions du ministère, ils étaient pénétrés de l'importance de leur véritable devoir.

Cette conduite des membres influens de l'extrémité du côté gauche, a démontré que les hommes de parti oublient facilement les intérêts de ceux qui les ont délégués, pour n'écouter que leurs propres passions. Le maintien de la loi du 5 février 1817 était leur seul désir. Tous les changemens apportés à cette loi mettaient des obstacles invincibles à des projets qui ne pouvaient être douteux que pour ceux qui ne voulaient pas voir ; la suite a prouvé de quelle nature ils étaient.

L'association qui s'était formée pour combattre toute nouvelle loi d'élection étonna les plus clairvoyans ; on vit des hommes dévoués à la monarchie se réunir à ceux qui, jusqu'à ce jour, avaient été leurs plus cruels adversaires (1). Cette

---

Bignon , Manuel , Demarçai , Corcelles , Grenier , La Fayette, et plusieurs autres siégeant près d'eux , n'ont pas, ou peu paru à cette discussion ; quelques-uns d'eux sont revenus siéger à la fin de la session ; ce qui a prouvé que l'espèce de mauvaise humeur qui les avait éloignés était passée.

(1) On doit se rappeler avec quelle énergie, M. *Cour-*

réunion donna de la force aux amis de la loi du 5 février; quelques personnes sages et dévouées à la légitimité furent un moment indécises sur la nécessité d'y apporter des modifications. L'extrémité de gauche sentit tout l'avantage qu'elle pouvait retirer de cette position ; aussi crut-elle qu'il était de son intérêt de ne pas épouvanter ces nouveaux et précieux alliés, qui s'étaient prononcés en faveur du principe de la légitimité. Il fut résolu par les chefs du parti, qu'il fallait le reconnaître, ce que l'on n'avait pas fait dans les sessions précédentes ; et les mêmes orateurs, qui, quelques mois avant, avaient combattu indirectement ce principe, lui donnèrent une adhésion presque formelle, et présentèrent l'hydre de l'aristocratie comme le seul ennemi qu'ils avaient toujours voulu détruire, et qui avait été le sujet de leurs attaques.

Une bonne loi, surtout une loi organique, doit être l'égide de l'intérêt qu'elle est plus spécialement appelée à soutenir; et à moins d'être de la plus insigné mauvaise foi, l'on ne peut mettre en doute que l'intérêt confié le plus

---

voisier, avait, dans la session précédente, dénoncé à la France entière le comité directeur.

directement à la Chambre des Députés, est celui de la propriété et celui de l'industrie. Alors
une loi d'élection, pour qu'elle soit bonne, doit
être surtout dans ces intérêts, et non dans celui
d'une faction. Quelle action a agi à l'aide de celle
du 5 février? l'action d'un parti. Qui a-t-elle
amené pour concourir à l'élection? est-ce le pro-
priétaire paisible? est-ce l'homme véritablement
lié au sol? Non, il savait que l'élection devait
être dominée par une cabale, et il ne s'est pas dé-
rangé de son domicile, dans la crainte de se faire
un ennemi de la faction qui dominerait. Voilà où
était le mal, voilà à quoi il fallait remédier; sans
cette mesure, on était certain de voir un boule-
versement. L'électeur attaché au sol était, par le
loi du 5 février, dans l'impossibilité de réparer
cette imperfection.

Maintenant, voyons si la nouvelle loi l'a fait
disparaître, peut-être pas avec autant de succès
que si l'on eût reconnu le principe des deux de-
grés dans le mode d'élection, que je considère
comme une première épuration; mais puisque
des raisons de conciliation ont fait prévaloir l'é-
lection directe, l'on peut assurer que la dernière
loi offre des espérances d'heureux résultats plus
dans les intérêts confiés à la Chambre des Députés, que ceux de la loi du 5 février, puisque les

intérêts généraux de la propriété y seront représentés par les colléges de département, et les intérêts de localités par ceux d'arrondissemens.

Ce qui prouverait irrévocablement contre la
loi du 5février, c'est que tous ses partisans ont été
forcés de convenir qu'il y avait des améliorations
utiles à y faire; mais on n'était pas d'accord sur la
nature des changemens à y apporter. Ne pouvant
nier cette utilité, l'on présenta, pour combattre
les projets du Gouvernement qui étaient appuyés
par le côté droit, cette réunion des royalistes
comme la renaissance de l'aristocratie, prête
même à se transformer en olygarchie (1). Quelques orateurs, pour effrayer la nation, assurèrent
que l'on proposerait bientôt l'annullation de la
vente des biens nationaux, que le régime féodal
allait reparaître. On doit se douter que le rétablissement de la dîme ne fut pas oublié. Ces prédictions chimériques, débitées à la tribune avec
l'assurance de l'audace, furent répétées dans le
public par les cabaleurs subalternes, pour égarer
l'opinion et détourner l'attention de dessus les
projets qu'ils méditaient.

Le gouvernement du Roi voulait la Charte;

_____

(1) Je reviendrai sur les avantages de cette réunion.

mais il la voulait dans l'intérêt monarchique, qui
est l'essence de cette-constitution, et non dans celui d'un parti désorganisateur. La loi sur la réü-
nion des colléges électoraux avait produit un
effet tout opposé à ce qu'il en attendait. Trois
ministres du Roi, le président du conseil, mi-
nistre de l'intérieur, celui de la marine et le garde
des sceaux, après avoir combattu quelques mois
avant avec force la proposition de *M. Barthélemy*,
reconnurent *enfin* que la loi du 5 février 1817 ne
pouvait amener qu'un résultat désastreux pour la
légitimité; et pour assurer cette tranquillité si
profitable pour le peuple et tant désirée par la
masse de la nation. Les trois autres ministres,
MM. Dessolles, *Gouvion-Saint-Cyr* et *Louis*,
ne partagèrent pas la même opinion. Ils se sépa-
rèrent de leurs collègues, non d'intention, mais
de manière de voir. Le Roi leur fit demander
leurs portefeuilles; ce qui prouva que le Monarque se rangeait à l'avis de *MM. de Cazes*, *de
Serre* et *Portal;* les trois ex-ministres dissidens
se trouvèrent liés, par cette démarche, au côté
gauche de la Chambre des Députés. Quelques
royalistes s'égarèrent momentanément et se réu-
nirent aussi, comme nous l'avons dit, à ce côté.
L'extrémité du côté gauche agissait suivant le
plan qu'elle s'était tracé, et sa conduite était na-

turelle ; mais l'aveuglement des membres qui s'étaient réunis à elle, affligèrent les vrais amis du Trône, surtout lorsqu'on entendit les plus distingués de ces orateurs se livrer à des récriminations presqu'injurieuses pour l'autorité de laquelle émanait la proposition de la loi.

Les inductions que les hommes sages ont pu tirer de cette discussion, ont été de nature à prouver que les vues particulières y ont souvent prédominé sur l'intérêt général, et même sur ceux de la Charte. Presque toujours, on croyait entendre les orateurs dire à leurs collègues : La loi proposée est mauvaise, parce qu'elle ne nous ramenera pas siéger dans cette enceinte.

L'exaltation de certains discours, l'esprit de parti qui les avait dictés, les troubles qui en furent la suite, avancèrent nécessairement la discussion de la loi, en jetant l'épouvante parmi les amis de l'ordre. Ils ouvrirent les yeux à quelques-uns de ceux qui s'étaient laissés entraîner, fixèrent des esprits incertains sur le parti qu'ils devaient prendre, et la loi fut votée à une majorité d'environ les deux tiers des membres.

La fermeté du Gouvernement, le bon esprit du peuple et des troupes, empêchèrent un grand désastre et trompèrent bien des espérances. Le sort de la France est maintenant entre les mains des électeurs; espérons qu'ils agiront en hommes amis du repos et pénétrés des grands intérêts qui leur sont confiés.

Dans les chapitres suivans, je vais chercher à faire sentir la nécessité des bons choix; mais avant, je traiterai une grande question, celle de savoir s'il est de l'intérêt de l'État de dissoudre la Chambre.

CHAPITRE II.

Est-il de l'intérêt général de dissoudre la Chambre des Députés, et de faire franchement l'essai de la nouvelle Loi sur les Élections?

Dans notre *Analyse raisonnée de la Charte*, nous avons dit que, « l'action de dissoudre la Chambre des Députés était un levier puissant dans les mains de l'autorité royale, que l'on pouvait la regarder comme la sauve-garde de l'État et de la Couronne, car c'est en usant de ce droit salutaire, que le Souverain peut arrêter tout à coup l'effervescence d'un parti qui, par de faux principes, tendrait à troubler la tranquillité et à ébranler l'édifice de l'ordre social. »

Ce que nous avons dit il y a trois ans, prouverait la stricte nécessité de dissoudre dans cette circonstance la Chambre des Députés; car depuis deux ans, l'on a émis à la tribune de cette Chambre des principes subversifs qui ne tendaient à rien moins qu'à détruire les sages dispo-

sitions de la Charte, à compromettre la sûreté publique et à mettre le désordre dans toutes les classes de la société. De plus, nous ajouterons que l'agitation d'un parti est trop évidente pour que l'on puisse douter qu'il ne soit indispensable d'en arrêter la marche.

Une nouvelle loi d'élection vient d'être consentie par la puissance législative; elle est sanctionnée par le Roi, et les colléges électoraux nommeront bientôt les députés, conformément à ses dispositions. Cette loi paraît en parfaite harmonie avec les intérêts du Trône et ceux de la propriété : on ne peut supposer que l'Etat puisse courir quelques dangers à en faire énergiquement l'essai par un renouvellement intégral. Agir autrement, ce serait mettre en doute et la sage économie de la loi, et se méfier des intentions de la masse des électeurs. Qu'on me permette à cet égard de dire franchement ma pensée. Attaché par sentimens intimes à la stabilité du trône, je ne puis partager l'opinion du Gouvernement qui hésiterait à avoir recours à cette mesure salutaire. Fort par lui-même, il doit se montrer dans toute son énergie, et en imposer au parti anti-monarchique qui triompherait de cet acte d'incertitude et en retirerait un grand avantage. Vous avez voté avec enthousiasme, di-

rait-il, cette loi, et vous n'osez en faire usage
dans toute son étendue; vous doutez donc de son
efficacité?

La discussion de cette loi, appelée *la bataille
des élections* par celui qui ne dissimule, ni ses
vues propres, ni celles de son parti, par cet ora-
teur qui, le premier, osa arborer un autre panache que celui du bon *Henri,* et qui, encore
aujourd'hui, insensible aux leçons de l'expé-
rience, ne cache pas le regret qu'il éprouve de
n'avoir pu réussir à y substituer ces mêmes couleurs, symbole de la révolte, qui ne nous rappe-
leraient que des malheurs et des crimes, si la va-
leur française n'avait pris le soin de les environ-
ner de quelqu'éclat ; cette bataille fut perdue
pour le général et pour son parti. Les raisonnemens captieux émis dans le temple des lois, au-
dehors, les réunions tumultueuses de cette jeunesse égarée ne purent sauver cette défaite. On
jette dans les premiers momens des cris de dé-
tresse et de désespoir; cette loi atterre le parti;
mais bientôt on change de tactique, et comme
par enchantement, l'on annonce que ses effets ne
seront pas aussi déplorables qu'on l'avait cru. On
semble encourager les auxiliaires du parti; et
cette loi qui, quelques jours avant, devait nous
ramener le règne de l'aristocratie et de l'olygar-

chie, qui devait replonger le peuple dans la ser-
vitude, va devenir l'ancre de salut pour les
hommes qui se disent les défenseurs des intérêts
nationaux.

Cette tactique n'étonne point ceux qui ont
suivi avec attention la marche du parti, elle a
toujours été la même; c'est celle de se supposer
fort pour entraîner tous les hommes faibles et
indécis. De plus, par ce moyen insidieux, les
chefs espèrent épouvanter le Gouvernement et
empêcher la mesure qu'ils redoutent le plus, *le
renouvellement intégral;* mais les ministres ne
se laisseront point abuser; ils connaissent mieux
que moi les hommes auxquels ils ont à faire et la
position de la France.

Par le renouvellement intégral, le ministère se
trouvera dans une position toute différente que
celle où il serait par l'essai partiel que l'on pourrait faire de la loi. Il connaîtra l'esprit des départemens et l'opinion qui domine dans la majorité
de la France. Elle n'est point douteuse pour
nous, et ne le sera plus pour qui que ce soit, si
cette mesure est prise par la puissance royale;
autrement, on calculera toujours les forces; on se
comptera, et l'action de la loi du 5 février 1817
sera encore dans toute sa vigueur par l'influence

des trois cinquièmes de la Chambre qui ont été renouvelés sous le régime de cette loi.

La dissolution de la Chambre doit encore produire un effet avantageux, c'est celui, non de confondre les côtés, mais de détruire cette habitude de voter toujours avec tel ou tel; car malgré une analogie parfaite de principes, il peut exister divergence d'opinions, si ce n'est sur le fond d'une loi, au moins sur quelques articles. En agissant ainsi, ou l'on vote quelquefois contre sa façon de penser, ou l'on s'abstient de voter; pour lors, l'on affaiblit la force de la représentation, qui doit être entière autant que possible.

Le renouvellement intégral produirait dans la Chambre des Députés un autre avantage, celui de placer les membres dans leur nouvelle position; c'est-à-dire de confondre ensemble les réunions qui ont semblé se former à la session dernière; les hommes d'un ordre supérieur qui ont la même façon de voir, en se communiquant leurs idées, se donnent mutuellement de la force et tombent plus facilement d'accord sur les argumens à opposer, sur les concessions utiles à faire; enfin, sur les moyens de soutenir ou de combattre une proposition incidente, comme il s'en est tant fait dans les sessions précédentes. Les orateurs bons dialecticiens qui adoptent le sys-

téme suivi par le Gouvernement, doivent se placer dans le centre pour être plus rapprochés des
ministres, et leur faire plus facilement les observations de nature à concilier toutes les opinions.
Il nous semble donc que les extrémités de droite
et de gauche ne doivent être occupées que par
les hommes d'une opinion exagérée.

Ce jeu de position pourra paraître puérile au
vulgaire; mais ceux qui, comme moi, ont suivi
habituellement les séances, en jugeront autrement.

Lorsqu'un accord parfait existera sur les bases
du Gouvernement, et que l'intérêt de parti sera
remplacé par un seul désir, celui du bien-être général; lorsque des espérances de grandeurs, dé-
çues par la force des choses, n'auront plus d'as-
cendant sur les députés; lorsque les passions n'a-
giront plus, et que chacun voudra franchement
la légitimité dans la dynastie que la Providence
nous a rendue, et voudra en même temps la
Charte octroyée par le Souverain, alors ce jeu de
position deviendra inutile, et il serait à désirer
que chacun vota dans sa conscience particulière.
Lorsqu'il en sera ainsi, la discussion d'une loi ne
sera plus appelée une *bataille,* parce qu'il n'y
aura que *des amis en présence;* mais malheureu-
sement ce temps est encore bien loin de nous.

Si le renouvellement intégral n'a pas lieu,

examinons qu'elle sera la composition de la Chambre.

Un cinquième non-renouvelé, élu par les colléges électoraux formés sous *Bonaparte*, cinquième composé des députés qui, presque tous, ont dans la dernière session partagé le systême adopté par le Gouvernement actuel et donné la majorité qui a voté la loi dont on va faire l'essai ;

Trois cinquièmes élus par les colléges électoraux formés suivant la loi du 5 février 1817 ; la majorité de ces trois cinquièmes a voté dans la même session contre les projets présentés au nom Roi par ses ministres ; enfin, le cinquième qui va être élu par les colléges d'arrondissemens, et les cent soixante-douze députés qui seront choisis par les colléges de département.

J'avouerai que la Chambre des Députés, quoiqu'ainsi composée de parties hétérogènes, doit offrir une majorité qui marchera dans les vrais intérêts de la légitimité et de la constitution que le Souverain a donnée à son peuple ; mais je pense que les débats seront plus orageux que si tous les membres étaient appelés à siéger d'après un seul et même mode d'élection.

La majorité des trois cinquièmes élus conformément à la loi du 5 février 1817, continuera à se dire la véritable représentation. Elle se prévaudra de sa prétendue popularité, pourvu qu'elle

rencontre dans les nouveaux élus un tiers qui
adopte sa manière de juger la forme de notre Gouvernement : pour lors on verra dans la Chambre
une forte opposition qui fera continuellement des
appels au peuple, qui présentera sous les rapports
les plus perfides la conduite du Gouvernement;
enfin, l'on verra encore soumettre l'action de
l'autorité à la puissance de la tribune. Ce serait
un chaos qui pourrait insensiblement nous replonger dans l'abîme d'une nouvelle révolution,
dont les suites funestes ne peuvent être que le
gouvernement de 1793 ou le despotisme militaire
existant sous *l'usurpateur.*

Le renouvellement intégral ou la dissolution
est un appel fait par le Souverain aux colléges
électoraux, pour les engager à envoyer des députés qui, tout en soutenant les intérêts qui leur
sont confiés, ne suivent pas la marche de leurs
prédécesseurs ; c'est un avertissement du Monarque, qui doit provoquer toute la sollicitude des
sages électeurs dans les choix qu'ils devront faire.

Par mes idées sur la nécessité de la dissolution, j'espère diminuer l'action des intérêts différens qui naîtrait de la formation de la Chambre.
Le cinquième non-renouvelé parlera souvent de
la majorité de 1815, qui, quoiqu'animée des intentions les plus pures, s'est faite à elle-même, et
a fait au trône, bien du mal, par son refus opi-

niâtre à voter en faveur de certaines lois constitutives, par son peu d'accord avec le Gouvernement; mais mon intention n'est point d'adresser
des reproches à des hommes qui doivent se les
faire assez d'eux-mêmes, et pour lesquels j'ai la
plus haute estime.

La phalange des trois cinquièmes se présentera
sous des rapports différens. Ses regrets sur la loi
du 5 février 1817 ont été trop vivement mani-
festés, pour qu'elle ne les renouvelle pas. Ce sera
un aliment pour l'esprit de passion; et s'il est vrai
que la lumière jaillît du choc des controverses,
il ne l'est pas moins que la lutte des passions n'a-
mène que troubles et dissensions; c'est ce que
nous voudrions qui n'existât pas.

L'on me reprochera de me prononcer avec force
contre la majorité des trois cinquièmes. Je suis
royaliste; je répète que je veux franchement ce
qui existe, l'hérédité au Trône dans la dynastie
des Bourbons; je ne veux qu'un seul signe de
raliement, *le panache du bon Henri*. Je suis
ennemi de tout ce qui cherche à ramener le
trouble, à perpétuer les divisions, à empêcher
l'exécution franche de la Charte, que je considère comme conciliant tous les intérêts; je dé-
teste d'autant plus la licence qui conduit insensiblement au pouvoir arbitraire, que pendant
vingt-cinq ans, j'en ai suivi les trop funestes

effets..... aussi cette haine est-elle invétérée
en moi.

Après cette profession de foi sur mes principes,
on me pardonnera sans doute les craintes que
m'inspire la présence, dans la Chambre de 1820,
d'une réunion d'un quart des membres de la
Chambre de 1819, lesquels ont entendu, sans
une espèce de frémissement, faire l'éloge du plus
cruel ennemi des Bourbons, dont les chefs ont
fait connaître leurs regrets de ne pas voir arborer l'étendard tricolore, qui est celui de la révolte; enfin, j'ai entendu les membres influens de
cette majorité des trois cinquièmes faire l'éloge
de cette jeunesse égarée, qui a pensé devenir fac-
tieuse et nous replonger dans le chaos des révolutions; j'ai entendu les mêmes orateurs soutenir
la licence de la presse, sous le prétexte apparent
de combattre les lois de restriction, qui n'ont été
renouvelées pour un moment que parce que
cette licence avait repris son empire désastreux,
et que les lois existantes étaient insuffisantes pour
la réprimer. Que l'on juge d'après ces motifs, si
mon appréhension sur la présence de la majorité
des trois cinquièmes est sans fondement (1).

(1) Je pourrais appuyer mes raisonnemens de l'opinion d'un député de *la Moselle*, M. de *Wendel*.
Cette opinion prononcée dans la dernière session, avec

Une grande question a été agitée, c'est celle de
savoir si, dans l'intérêt de la stabilité de nos institutions, une Chambre quinquennale n'est pas
préférable à un renouvellement par cinquième.
Cette question reste encore indécise, et quoique
beaucoup de bons esprits qui s'en sont occupés
paraissent, ainsi que moi, adopter le système du
renouvellement intégral tous les cinq ans, je
n'ose le conseiller, parce qu'il est en opposition
avec un article de la Charte, à laquelle je vou-
drais qu'on ne portât aucune atteinte. Mais si le
Gouvernement croyait devoir soumettre cette
discussion aux Chambres, ou si la proposition en
était faite dans leur sein, la dissolution de la
Chambre actuelle leverait un des obstacles les
plus puissans ; c'est encore une raison qui me
porte à ne pas mettre en doute la nécessité d'une
mesure qui se concilie si efficacement avec l'intérêt de la loi dont on va faire l'essai.

_____

cette franchise et cette loyauté qui caractérisent un militaire dévoué au Roi , à son auguste famille, et vou-
lant franchement la Charte , nous a paru produire le
plus grand effet sur la Chambre et sur les tribunes :
forte de vérités , elle est restée sans réfutation ; on
peut dire qu'elle doit être regardée comme étant presque l'acte d'accusation du parti que je considère comme
l'ennemi de la France.

CHAPITRE III.

Un Mot aux Électeurs sur leurs vrais intérêts.

ÉLECTEURS FRANÇAIS, le moment approche où les plus grands intérêts, ceux de la stabilité de nos institutions, de la tranquillité de votre pays, nous dirons presque du repos de l'Europe, vont vous être confiés; c'est par la sagesse de vos choix que vous vous montrerez dignes de la noble tâche que vous impose la nouvelle loi d'élection, dont les premiers vous ferez l'essai.

Nous vénons de chercher à vous démontrer les avantages que la nouvelle loi d'élection a sur celle du 5 février 1817; maintenant nous allons tâcher de vous mettre en garde contre les pièges que l'on croira tendre à votre bonne foi.

Le parti qui se montre ouvertement agresseur, vous dira qu'il est opprimé; il vous fera entendre que c'est pour avoir défendu les intérêts du peuple qu'il se trouve sous le joug; il vous présentera les lois de restriction comme des lois oppressives et arbitraires; il vous répétera que des milliers de victimes gémissent dans les cachots, sans être mises en jugement; vous les chercherez en vain dans vos départemens, vous n'en trouverez pas une seule : mais ce sera à Paris, prétendra-t-on, ou dans des lieux éloignés, que seront entassés ces malheureux.

La calomnie ne se bornera pas à vous parler de la liberté individuelle; celle de la presse sera l'objet sur lequel on s'étendra avec le plus de complaisance.

Les journaux sont par la censure restreints à dire la vérité.

On va vous présenter cette censure comme s'é-tendant sur tous les ouvrages; on voudra vous persuader que cette loi n'a été faite que pour le moment des élections, pour que vous ignoriez la véritable situation dans laquelle se trouve le royaume; on ajoutera que la calomnie est permise contre ceux des journaux qui ne cherchent qu'à vous éclairer; on ne vous dira pas que c'est la licence effrénée de la presse qui a forcé la puissance législative à consentir momentanément la loi qui tourmente *les prétendus directeurs de l'opinion publique ;* mais on vous dira que les écrivains défenseurs des intérêts du peuple sont persécutés, par le seul motif qu'ils veulent ce que la Charte a consacré; enfin, on cherchera à vous cacher ce que veut le parti, ou les chefs du parti. Ils veulent le pouvoir, et tous les moyens leur sont propres pour le conquérir; pour y parvenir,

ils sacrifieront vos vrais intérêts, inséparables de
de ceux du trône; ils feront tous leurs efforts pour
vous égarer.

C'est à vous surtout, possesseurs de biens nationaux, qu'ils s'adresseront; c'est sur vous qu'ils
comptent; ils n'oseront peut-être pas soupçonner
à cet égard les intentions du Monarque, puisqu'il en a consacré l'inviolabilité par l'acte le plus
authentique, mais ils accuseront une faction,
qu'ils appellent *la faction des priviléges ;* ils
vous diront qu'elle ne cherche à s'emparer de
nouveau du pouvoir que pour rentrer dans ces
propriétés; ils oseront même calomnier les intentions les plus pures; ils mettront en avant les
personnages les plus augustes et qui approchent
le trône de plus près. Ils ne respecteront rien pour
chercher à vous induire en erreur; ils ajouteront
que le ministère se laisse dominer par cette faction; ils iront plus loin, et feront répandre la
nouvelle d'un changement de ministres. Ils dis-
poseront de tous les portefeuilles en faveur de
ceux qu'ils désignent comme les chefs de la cabale, qui, selon eux, veut rentrer dans les biens
nationaux, et veut aussi le rétablissement des
dîmes, des droits féodaux, de la corvée, etc. Pour
appuyer leurs dires mensongers, ils se targueront
de quelques propos échappés à des insensés qui
prennent leurs rêves pour des réalités; mais ils
ne vous diront pas une vérité incontestable, c'est

que l'immense majorité des hommes dépossédés ont suivi l'impulsion du Monarque, et renoncé à des prétentions qu'ils considèrent comme chimériques.

Électeurs qui possédez des biens nationaux, on compte sur vous, on espère vous entraîner dans le parti désorganisateur; et pour y parvenir, on cherche à vous tromper sur vos vrais intérêts. Si vous les connaissez bien, c'est vous qui, plus que tous autres, devez agir avec le plus de circonspection dans vos choix; si la possession de vos biens vous est venue par les évènemens de la révolution, n'oubliez pas que c'est le Souverain qui a consolidé la jouissance pleine et entière de ces mêmes propriétés; sachez que cette garantie n'est point illusoire; les Princes de la famille auguste qui nous gouverne ont juré de maintenir la Charte; ayez confiance dans les sermens qu'ont prononcés ces personnages augustes qui sont si éminemment français, qui vous aiment; repoussez loin de vous les monstres qui osent douter de leurs sentimens. Ces princes ne séparent pas un seul de vous de leurs affections; ils veulent le bonheur des peuples qui sont sous la domination du Chef de leur famille; ils vous ouvrent leurs bras, précipitez-vous-y, et votre tranquillité, ainsi que celle de toute la France, est assurée.

Fixez vos choix sur des hommes amis du trône,

qui le seront aussi des droits qu'il a concédés, parce qu'en les soutenant, ils rempliront les vues du Souverain. Nous vous le répétons, possesseurs de biens nationaux, ne vous laissez point égarer; que gagneriez-vous à un changement de choses? Il ne pourrait consolider vos propriétés plus qu'elles ne le sont; et peut-être une nouvelle révolution détruirait ce que la première a fait. Envoyez des députés bien persuadés que ce n'est qu'en donnant au Gouvernement toute la force nécessaire pour faire exécuter les lois, que l'on parviendra à dissiper toutes les craintes que l'on cherche à répandre.

Les mêmes hommes qui crient sans cesse qu'ils veulent *la Charte, toute la Charte, rien que la Charte,* disent en même temps à l'électeur : *Ne portez pas vos choix sur les salariés du Gouvernement.*

La Charte est en contradiction formelle avec les vues de ces Messieurs. L'art. 54 dit que les ministres peuvent être députés. Elle leur accorde la proposition de la loi comme ministres, et voix délibérative comme pairs ou députés; et le parti qui veut diriger les élections selon ses désirs, voudrait non-seulement les en exclure, mais repousser même tous les fonctionnaires publics.

Cette proposition a été faite lorsque l'on a discuté le loi d'élection. Elle révolta la majorité de la Chambre qui la rejeta; mais les meneurs la reproduiront dans leurs insinuations perfides aux électeurs; ils veulent qu'un magistrat, qu'un administrateur, qu'un général, etc., qui, par leurs éminentes qualités, auraient rendu les plus grands services à l'Etat, ne puissent, sans renoncer à leur emploi, venir occuper la place où les choix de leurs concitoyens les appeleraient.

On se plaint que la magistrature n'a pas assez d'éclat..... Eh! qui ne préférerait pas rester dans son cabinet à gagner des sommes triples et quadruples du traitement affecté aux fonctions de conseiller d'une Cour royale ou à celle d'un juge de tribunal de première instance, à être appelé à une de ces fonctions désignées, si l'on pouvait supposer qu'en les remplissant, on perdrait la confiance de ses concitoyens! Si semblable supposition pouvait être admise, on verrait avant peu les bancs des juges déserts; et au lieu de donner de la considération à la plus noble des fonctions, celle de rendre la justice, on lui ôterait l'estime qui lui est absolument nécessaire.

L'administrateur qui aurait géré un département de manière à avoir conquis la confiance de ses administrés, et qui serait appelé par le Souverain dans ses conseils, se verrait privé de pouvoir recevoir la seule preuve de reconnaissance que pourraient lui donner ceux dont il aurait fait

le bonheur par sa bonne et sage administration.
Lorsque l'on cherche à tromper les électeurs par
de semblables insinuations, l'on peut dire que
ceux qui agissent ainsi n'ont d'autre intention que
celle de parvenir à tout désorganiser.

Pour soutenir le faux principe de l'exclusion
des fonctionnaires, on s'appuie de celui que la
Chambre des Députés est instituée pour être en
opposition avec le Gouvernement; c'est certai-
nement l'idée la plus destructive de la Charte que
l'on aie pu mettre en avant; à toutes les sessions,
le Gouvernement expose aux Chambres, particulièrement à celle des Députés, les besoins de
l'Etat. Les Chambres doivent examiner si ces besoins sont réels; s'ils le sont, elles doivent y sub-
venir par les moyens les moins onéreux à la propriété et à l'industrie; enfin, par ceux qui sont
le plus dans l'intérêt général. Pour faire la loi de
l'impôt comme les autres lois, il faut accord parfait des trois branches de la puissance législative.
La supposition que chacune d'elles représente des
intérêts différens en opposition les uns avec les
autres, ne peut que nous replonger dans le chaos.
Cela ne peut avoir été l'intention du Monarque
qui a donné la Charte, ni le désir des publicistes
qui ont coopéré à sa rédaction.

Nous avouerons que la Charte est loin d'être
un ouvrage parfait, et que son exécution littérale

présente des contradictions; pour lors, ce n'est
qu'avec de la bonne foi que l'on parviendra à les
concilier. C'est à vous, électeurs, à fixer vos choix
sur des hommes éclairés; mais surtout fixez-les
sur ceux que vous croirez les plus animés du désir de maintenir ce qui existe; ne vous laissez
point abuser par ceux qui se prétendent *les sou-*
tiens du peuple. Ils sont ses ennemis, puisqu'ils
veulent le replonger dans l'abîme des révolutions.

Si vous pouviez en douter, électeurs, suivez la
marche du parti; il a mis en problème la puissance de la Charte, en demandant si elle liait le
peuple qui ne l'avait pas consentie; il ne s'est pas
arrêté à ce seul doute, il a insidieusement attaqué
le principe de la légitimité, en soumettant aux
publicistes la question de savoir si, dans le cas où
l'héritier du trône n'y arriverait pas en ligne directe, ce ne serait pas celui de recourir à l'élection? Faut-il vous le montrer dans toute sa nu-
dité? Vous verrez ce parti, applaudissant à l'in-
surrection partout où elle s'est montrée, et sous
quelques couleurs qu'elle se soit présentée. Les
chefs du parti se prétendent les amis du peuple et
ne cessent de trahir ses intérêts; car peut-il exister un plus grand malheur pour lui qu'une nouvelle révolution? Tous leurs écrits, même leurs
discours, ne tendent qu'à l'y replonger. Qui a

excité la jeunesse égarée du mois de juin ? Ne sont-ce pas les apologistes de sa conduite antécédente ; ils se sont montrés leurs défenseurs, et ont même approuvé les mouvemens insurrectionnels de cette époque.

Au moment où nous traçons ces lignes, nous apprenons la nouvelle du complot tramé contre la sûreté de l'Etat, qui vient heureusement d'être déjoné par l'active surveillance de l'autorité publique, et dont les fauteurs et complices vont être soumis au jugement de la Cour des Pairs. C'est vous, électeurs, que nous rendons juges des motifs qui ont entraîné ces hommes à vouloir arborer l'étendard de la révolte ; n'est-ce pas l'exemple funeste des évènemens qui sont survenus dans deux royaumes voisins qui les a enhardis à la rébellion ? D'abord, ceux qui à la tribune nous ont menacé du même sort que celui de l'Espagne, et ceux qui, dans leurs écrits, ont préconisé l'action des *Quiroga* et des *Pépé* (1).

_____

(1) Nous aurions pu parler du crime atroce qui a mis en deuil la France et l'Europe entière ; mais nous avons trop bonne opinion des Français pour n'être pas persuadés que s'il n'est pas l'ouvrage d'un monstre isolé, il n'est que celui d'un bien petit nombre de factieux. Nous ne pouvons pourtant nous dissimuler une vérité, c'est que les doctrines pernicieuses du parti que nous combattons, n'ont pas été

Voilà les hommes qui vont se présenter à vous comme candidats; voilà ceux qui se diront les seuls amis de la Charte, voilà ceux qui vous diront : *Nommez-nous*, nous serons les défenseurs des intérêts du peuple! Ce seront les mêmes que ceux ou les amis de ceux qui, à la dernière session, ont abandonné les séances au moment où il fallait discuter les intérêts qui leur sont le plus spécialement confiés.

Électeurs, vous ne vous laisserez point abuser et reconnaîtrez dans ces hommes des ambitieux qui veulent tout renverser pour usurper un pouvoir qui bientôt leur serait fatal, mais dont ils veulent user, à quelque prix que ce soit.

C'est à vous, électeurs connus par votre dévouement à la légitimité, que nous allons maintenant adresser nos vœux.

Depuis long-temps nous avons considéré qu'une seule chose pouvait sauver la Monarchie, c'était

---

de nature à dissuader *Louvel* de la résolution de consommer son forfait; elles n'ont fait, au contraire, qu'enraciner de plus en plus dans son âme, le germe qui y avait pris naissance. L'on ne nous accusera pas (nous l'espérons) de pousser trop loin nos réflexions à ce sujet. Celui qui a écrit que *lés Français ne pouvaient plus vivre sous le gouvernement des Bourbons.....* a-t-il arrêté le bras de l'assassin ?....

une réunion franche de tous les amis de la légiti-mité. Nous l'appelions de tous nos vœux; enfin, l'on en a senti l'absolue nécessité et elle s'est ef-fectuée. Cette réunion, toute tardive qu'elle a été, a déjà produit d'heureux effets; mais ils n'ont pas été aussi concluans qu'ils le deviendront, si, comme nous nous plaisons à le croire, elle est sans arrière-pensée, sans des vues d'intérêts particuliers.

Le danger commun avait fait sentir la né-cessité d'effectuer la réconciliation tant dési-rée, lorsqu'un événement désastreux, dessillant enfin les yeux de tous les vrais amis du trône, resserra les nœuds qui les lient à une si sainte cause, doubla leurs forces et cimenta pour ainsi dire l'effet de cette salutaire réunion. Plus les cir-constances graves qui en hâtèrent les effets rap-pellent des souvenirs douloureux, et plus elle doit être franche et durable. L'intérêt général vous a réunis, que ce soit donc lui qui guide vos ac-tions. Le bien que vous pouvez opérer est incal-culable; le sort de la France est dans vos mains; c'est de votre union que le trône attend son plus ferme appui; mais non-seulement il faut que la loyauté en soit le premier mobile, il faut encore que vous tendiez les bras à tous ceux qui vou-dronts'y précipiter pour faire cause commune avec vous. Il ne faut point regarder en arrière, il faut considérer l'avenir. Que veut votre Roi? Que désire cette Famille auguste, appelée à lui succéder? L'union de tous les Français. Si elle ne peut être générale, qu'elle en rattache au moins aux mêmes sentimens le plus grand nombre qu'il sera possible. Voilà le but auquel doivent tendre toutes vos pensées.

Les ennemis de la légitimité comptent beaucoup sur la désunion qui pourrait se mettre dans vos rangs au moment des élections. Trompez leur attente; que tout ce qui veut franchement les institutions qui existent s'attache d'abord à défendre l'intérêt général et non celui de l'individualité. Cherchez parmi les éligibles l'homme qui, dévoué à la Dynastie et à la Charte, vous semblera réunir plus de voix et fixer votre choix sur lui. Tout en vous rappelant les services rendus à la cause du trône, n'oubliez pas ceux que l'on peut rendre aujourd'hui.

Je pourrais vous donner pour exemple les membres de la Chambre des Députés. Tous, *à de bien faibles exceptions près*, ont prouvé que l'intérêt général les avait réunis; ils ne se sont laissés guider que par ce noble motif, et l'intérêt individuel a disparu. Si dans un moment ils avaient pu être en opposition de principes, ils ont senti qu'elle force ils donneraient à leurs adversaires, et en en rappelant les souvenirs,

ils n'ont point cherché à démontrer de quel côté
était l'erreur : dévoués au Gouvernement du Roi,
ils ont secondé franchement son action.

Un brandon de discorde a été malheureuse-
ment jeté au milieu d'eux ; examinez avec quelle
adresse vos adversaires en ont profité. Ils sont
parvenus à forcer un député de faire paraître un
ouvrage qui est de nature à amener la désunion
parmi les électeurs royalistes. Puisse cet ouvrage,
dont les faits mentionnés ne sont qu'une com-
pilation de toutes les fausses interprétations ré-
pandues dans les journaux de l'opposition, ne
pas produire les résultats fâcheux que les ennemis de la légitimité en attendent : la mésintelli-
gence parmi les électeurs amis du trône.

On vous a accusé de vouloir ramener le
règne de l'olygarchie ; je suis à cet égard convaincu de la pureté de vos intentions ; mais ce
n'est pas nous qu'il est nécessaire de convain-
cre ; c'est la France entière qui a entendu les
cris de la calomnie ; faites de bons choix, et vous
confondrez vos ennemis qui le sont aussi du repos et de la tranquillité du royaume. Partout où
vous rencontrerez des intentions aussi droites,
aussi pures, que celles des *Lainé*, des *de Vil-
lèle*, des *Siméon*, et de tant d'autres membres
de la Chambre que nous pourrions vous dési-
gner, n'hésitez pas.... fixez sur eux vos choix;

vous serez applaudis par tous les bons Français
qui veulent sincèrement le maintien de toutes
nos institutions.

Electeurs, que l'on a accusés devant la France
entière d'une indifférence obstinée sur le sort de
votre pays en vous abstenant de coopérer aux
élections , voilà le moment où il vous importe
de donner un démenti formel à vos détracteurs.
La nouvelle loi fait disparaître toutes les causes
qui pouvaient vous empêcher de vous rendre
aux colléges électoraux. Les lieux des réunions
sont rapprochés de celui de vos domiciles. Si
les colléges électoraux sont influencés par la
coalition qui cherche à dicter les choix, et à les
porter sur des inconnus ennemis du trône légitime et constitutionnel, par votre présence ,
vous en déjouerez facilement toutes les intrigues.
Choisissez parmi vous les hommes les plus ca-
pables par leurs talens de soutenir les intérêts de
vos localités ; mais aussi les talens n'étant pas la
première qualité d'un législateur , réunissez vos
voix sur les plus vertueux. N'oubliez pas que
c'est plus particulièrement sur vous que reposent les destinées de la France. Votre présence
fera pencher la balance là où elle pourrait être
en équilibre. Je pense que ce sera dans un petit
nombre de colléges électoraux que les novateurs
l'emporteront sur les hommes sages, d'après l'in-
time conviction où je suis, que les vrais amis du

trône légitime et de la Charte octroyée, composent la majorité des Français.

Cette majorité des électeurs ne verra parmi les prétendus libéraux, que des hommes qui se couvrent du masque le plus séduisant pour cacher leurs projets. Quel rôle ont-ils presque tous rempli dans leur carrière politique ? Ils ont été tour à tour, ou les séïdes du despotisme militaire, *le plus odieux de tous les gouvernemens*, ou les amans passionnés de la liberté aux couleurs de 1793 (1), ou les ennemis des rois. De semblables hommes, combattant toujours ce qui émane d'une autorité sage et tutélaire, prouvent par leur conduite qu'ils sont les ennemis de la vraie liberté, de cette liberté protectrice dont jouit aujourd'hui l'homme qui ne veut pas être un perturbateur.

Je vous ai parlé avec franchise, puissiez-vous ne pas méconnaître ma voix ; elle est celle d'un ami de la vraie liberté et de son pays.

POST-SCRIPTUM.

Au moment où cet opuscule sortait de la

(1) Quel homme fut ce *Grégoire*, et tant d'autres que nous ne nommons pas, que furent-ils ?... que firent-ils ? Ici, ma plume s'arrête.... Nous aurions trop de noms horriblement fameux à citer.

presse et allait être publié, il m'est tombé
sous la main un ouvrage *sans signature* et *sans
nom d'imprimeur*, qui m'a paru destiné à être
distribué clandestinement aux électeurs. Je crois
devoir faire quelques observations sur la nature
des conseils qu'il leur donne.

Je ne suivrai pas cet auteur anonyme dans les
fatales prédictions adressées à la noblesse, qu'il
veut absolument exclure des élections ; à l'entendre, les proscriptions de 1793 n'auront rien
été en comparaison du sort qui attend cette
classe, si les hommes de son opinion ne rem-
portaient pas la victoire, c'est-à-dire, si la Charte,
selon lui, n'existe pas telle que ces messieurs, à
grandes idées prétendues libérales, veulent à
toute force l'imposer à la France. C'est en s'ap-
puyant sur une fausse interprétation de ce pacte
social, qu'il cherche à exclure les nobles de l'é-
lection. Il soutient que ceux-ci sont représentés
par la Chambre des Pairs qu'il regarde comme
étant le pouvoir de l'olygarchie. Il ne veut donc
pas considérer qu'avec un semblable raisonnement, il nous reporte à ces temps où, dans les
états généraux, les trois classes votaient par *ordre.*
Il détruit ainsi ce que l'assemblée constituante a
fait.

Le piége tendu par ce moyen aux électeurs
loyaux et de bonne foi, est trop grossier pour

qu'ils s'y laissent prendre, et qu'ils n'y voyent pas qu'insensiblement il ferait tomber sur la noblesse tous les maux dont l'auteur avec son système semble insidieusement vouloir la préserver. En suivant son faux raisonnement, la Chambre des Pairs serait le siége de l'aristocratie, et celle des Députés, celui de la démocratie. Bientôt une lutte vigoureuse s'établirait entre ces deux corps, et notre libéral sait très-bien quels en seraient les funestes résultats. La victoire resterait une seconde fois à la démocratie, et le peuple trompé reverrait encore dresser les échafauds et encombrer les prisons d'un millier de victimes. Mais la Charte n'a pas voulu établir ce que veut cet ennemi de l'ordre et de la paix. La noblesse n'est point un corps privilégié ; son intérêt n'est point séparé de celui des autres citoyens; comme eux, ses membres doivent être appelés à l'élection, s'ils s'en rendent dignes par leurs vertus, par leur amour pour leur Roi, pour sa dynastie et pour nos institutions constitutionnelles.

FIN.

www.ingramcontent.com/pod-product-compliance
Lightning Source LLC
Chambersburg PA
CBHW032313210326
41520CB00047B/3083